Silenciadas en Una mirada profunda a la violencia contra la mujer": "La lucha contra la sombra de la violencia

```
I0427001
```

Dedicatoria

A todas las mujeres valientes que, a pesar de la violencia, han encontrado la fuerza para seguir adelante. Este libro es para ustedes, para su memoria, su lucha y su esperanza.

Prólogo

La violencia de género es una de las injusticias más devastadoras que enfrenta nuestra sociedad. A pesar de los avances en los derechos humanos, millones de mujeres en todo el mundo continúan siendo víctimas de abuso, discriminación y violencia en sus propios hogares, en las calles, en el trabajo y en todas las esferas de la vida.

Este libro nace del deseo de visibilizar esa violencia, de dar voz a aquellas que han sido silenciadas por el miedo, la vergüenza o la indiferencia. Es un testimonio de la lucha constante por la igualdad y la dignidad de las mujeres, y una invitación a todos —mujeres, hombres, gobiernos y organizaciones— a unirse en la causa de la erradicación de la violencia de género.

A través de historias de superación, datos impactantes y un análisis profundo de las causas y efectos de la violencia contra la mujer, este libro ofrece una reflexión profunda sobre cómo podemos cambiar nuestra sociedad para que todas las mujeres vivan libres de miedo, con los mismos derechos, oportunidades y respeto que todos los seres humanos merecen.

Introducción

El silencio puede ser más violento que un grito. Duele, hiere y a menudo mata. En cada rincón del mundo, millones de mujeres viven atrapadas en un ciclo de violencia que no solo les arrebata la paz, sino también la voz. Esta es una realidad incómoda, silenciada, minimizada, negada. Y precisamente por eso, debe ser contada.

Ana tenía 26 años cuando denunció por primera vez. Su pareja, con quien llevaba cinco años, la había golpeado frente a su hijo de tres. Llevaba tiempo soportando insultos, empujones, amenazas. Cuando se armó de valor para pedir ayuda, la respuesta fue fría: "No parece tan grave", le dijeron en la comisaría. Volvió a casa con más miedo que antes. Un mes después, Ana fue encontrada sin vida. Su caso es uno entre miles.

Este libro nace de una necesidad urgente: mirar de frente la violencia contra la mujer, sin eufemismos ni excusas. No se trata solo de cifras frías, titulares que se olvidan o leyes que pocos conocen. Se trata de vidas reales, de cuerpos marcados, de mentes quebradas y de almas que aún buscan justicia y consuelo.

"Silenciadas" no pretende ser un juicio, sino una invitación a escuchar. A las que no pudieron hablar. A las que hablaron y nadie las oyó. A las que sobrevivieron. A las que no están.

A través de estas páginas recorreremos el entramado complejo de una violencia que adopta muchas formas: física, emocional, sexual, económica, simbólica. Exploraremos sus causas, sus consecuencias y, sobre todo, los caminos posibles hacia la reparación, la resiliencia y la transformación.

Este libro también es un acto de resistencia. Un grito escrito para romper el silencio. Porque hablar salva vidas. Porque entender es el primer paso para cambiar. Porque ninguna mujer debería vivir con miedo.

Te invito a leer con el corazón abierto. Porque lo que vas a encontrar aquí no es ficción. Es la vida. Y la vida merece ser protegida.

Tabla de Contenido

Capítulo 1: Tipos de violencia contra la mujer

La violencia contra la mujer tiene muchas caras. Algunas visibles, otras silenciosas. Todas igual de devastadoras. En este capítulo exploraremos cada una de sus formas, con ejemplos reales que ayudan a comprender su profundidad y gravedad.

1.1 Violencia física

Se manifiesta en cualquier acción que cause daño al cuerpo de la mujer: empujones, bofetadas, patadas, estrangulamientos, quemaduras, uso de objetos o armas, entre otros.

Ejemplo 1: Camila, de 33 años, fue golpeada por su pareja con un cinturón porque "le contestó mal" en frente de sus amigos. Estuvo tres días encerrada en casa, sin poder salir por los moretones.
Ejemplo 2: Rosa, una mujer mayor, recibía empujones constantes de su hijo cada vez que ella reclamaba por el dinero del hogar. Nadie lo veía como violencia porque "solo la empujaba".

1.2 Violencia psicológica o emocional

Es una forma de violencia invisible que daña la autoestima y el bienestar emocional. Incluye gritos, insultos, amenazas, desvalorización, humillación, manipulación emocional, aislamiento o control excesivo.

Ejemplo 1: "Te estás volviendo loca, eso nunca pasó", le repetía su pareja a Lorena cada vez que ella intentaba hablar de las discusiones. Con el tiempo, comenzó a dudar de sí misma.
Ejemplo 2: A Mariana no le permitían ver a su familia. Su pareja decía que "la alejaban de él" y cada salida la usaba como excusa para celos, castigos o días de silencio total.

1.3 Violencia sexual

Va más allá del abuso físico. Puede ocurrir dentro o fuera de la pareja. Se presenta como presión, coerción, chantaje o violencia directa para forzar actos sexuales sin consentimiento.

Ejemplo 1: Laura fue violada por su expareja. Aunque ya no estaban juntos, él la interceptó en su casa y le dijo que "aún tenía derechos sobre su cuerpo".
Ejemplo 2: En muchas comunidades rurales, niñas son obligadas a casarse jóvenes. "Tenía 14 años cuando me entregaron a un hombre de 36. Él decía que como era su esposa, tenía que obedecer", contó una joven de Guatemala.

1.4 Violencia económica o patrimonial

Esta forma de violencia impide a la mujer tener autonomía financiera. Puede incluir el control del dinero, la prohibición de trabajar, la destrucción de bienes, la negación de alimentos, medicamentos o acceso a sus propios ingresos.

Ejemplo 1: A Sandra le depositaban su sueldo en una cuenta que solo su esposo manejaba. No tenía acceso a su dinero y debía pedir permiso para cada compra.

Ejemplo 2: Cuando Juana decidió separarse, su pareja le quitó todos los electrodomésticos, la dejó sin dinero y le dijo: "Si no estás conmigo, no tendrás nada".

1.5 Violencia simbólica

Actúa de forma silenciosa y normalizada. Se perpetúa en los medios de comunicación, en la cultura, en los chistes y comentarios que refuerzan roles de género tradicionales y la idea de que las mujeres valen menos.

Ejemplo 1: "Con esa falda, ¿qué esperabas que te hicieran?", le dijeron a una adolescente tras ser acosada en la calle.

Ejemplo 2: En muchos anuncios publicitarios, las mujeres son representadas como objetos de deseo o como amas de casa perfectas. Esa visión limitada alimenta la desigualdad.

Reflexión final

Reconocer la violencia es el primer paso para erradicarla. No todo golpe deja marca física. No todo daño es visible. Pero todas las formas de violencia dejan huella. Y ninguna debe ser ignorada.

Capítulo 2: Raíces culturales y estructurales de la violencia contra la mujer

La violencia contra la mujer no es producto del azar ni de casos aislados. Tiene raíces profundas en las estructuras sociales, en la cultura, en la educación y en la historia. Entender estas raíces es fundamental para combatir el problema desde su origen.

2.1 El patriarcado: una herencia silenciosa

Vivimos en una sociedad patriarcal, donde por siglos se ha normalizado que los hombres ocupen roles de poder y las mujeres sean subordinadas. Este sistema impone jerarquías y define qué comportamientos son "aceptables" según el género.

Desde pequeñas, las mujeres son educadas para servir, ceder y aguantar. A los hombres, en cambio, se les enseña a mandar, controlar y no mostrar debilidad.

Este desequilibrio de poder es el terreno fértil donde germina la violencia: cuando el hombre siente que su autoridad es desafiada, responde con control o agresión.

2.2 Machismo normalizado

El machismo es una manifestación cultural del patriarcado. Se expresa en frases cotidianas como:

- "Los hombres no lloran"
- "Ella se lo buscó"
- "Una buena mujer aguanta por su familia"

Estas frases, aparentemente inofensivas, refuerzan roles rígidos y justifican la violencia. El machismo también se manifiesta en la tolerancia social hacia el acoso, los celos excesivos o la infidelidad masculina.

2.3 Religión y tradición

En muchas culturas, la religión y las costumbres han sido utilizadas para justificar la subordinación femenina.

En algunos contextos religiosos, se enseña que la mujer debe obedecer al hombre, y que el sufrimiento en el matrimonio es una prueba de fe.

Las tradiciones, aunque valiosas, pueden ser usadas como excusas para mantener prácticas injustas, como el matrimonio forzado, la mutilación genital femenina o la preferencia por los hijos varones.

2.4 Medios de comunicación y redes sociales

La violencia simbólica se reproduce en los medios a través de la hipersexualización de las mujeres, la romantización de los celos y la victimización en casos de feminicidio. En redes sociales, muchas veces las víctimas son atacadas, mientras los agresores son defendidos.

Un titular que dice: "La mató por amor" no solo tergiversa la realidad, también suaviza un crimen brutal. No fue amor, fue violencia.

2.5 Falta de educación en igualdad

La escuela, la familia y la sociedad siguen educando desde estereotipos. A los niños se les da poder y libertad. A las niñas se les enseña a complacer, cuidar y callar.

"A mí me decían que si un niño me molestaba en clase, era porque le gustaba. Nadie me enseñó que eso no era normal", dice Sofía, hoy activista por la igualdad.

Reflexión final

La violencia contra la mujer no nace de la nada. Está enraizada en sistemas que hemos heredado, en ideas que no cuestionamos, en costumbres que repetimos. Pero todo lo aprendido se puede desaprender. Y toda estructura se puede transformar.

Capítulo 3 (Ampliado): Violencia doméstica y el círculo del abuso

3.5 Datos que estremecen

La violencia doméstica no es una excepción, es una epidemia silenciosa. Las cifras lo confirman:

- Según la Organización Mundial de la Salud (OMS), 1 de cada 3 mujeres en el mundo ha sufrido violencia física o sexual por parte de su pareja.
- En América Latina, al menos 12 mujeres son asesinadas cada día por el hecho de ser mujeres (ONU Mujeres, 2024).
- En muchos países, más del 50% de los feminicidios son cometidos por parejas o exparejas.
- En España, se reportaron más de 40,000 denuncias de violencia de género en el primer trimestre de 2024. La cifra crece cada año.

- En México, 7 de cada 10 mujeres han sufrido algún tipo de violencia a lo largo de su vida.
- Solo un 30% de las víctimas denuncia formalmente a su agresor, por miedo, vergüenza o falta de confianza en las instituciones.

Estas cifras no son solo números: son vidas. Historias que, muchas veces, terminan en silencio.

3.6 Testimonio profundo: La historia de Valeria

"Yo pensaba que el amor era eso. Que si me gritaba era porque se preocupaba por mí. Que si me revisaba el celular, era porque me amaba. La primera vez que me empujó, me pidió perdón con flores y me dijo que había tenido un mal día. Le creí. La segunda vez me golpeó la cara frente a mi hijo. Me encerré en el baño y lloré en silencio para que él no se asustara."

"Pasaron cuatro años así. Cuatro años de amenazas, de vivir con miedo, de sentirme menos. Me decía que sin él yo no era nadie, que nadie más me iba a querer. Me quitó mi independencia, mi dignidad, hasta mi voz. Cuando por fin logré irme, dormí en el suelo de la casa de una amiga con mi hijo. Pero dormí tranquila. Por primera vez, no tuve miedo de que abrieran la puerta a gritos."

"Hoy estoy viva para contarlo. Pero muchas no lo están. Y eso me duele más que mis cicatrices."

Valeria es solo una de tantas. Su historia representa a millones de mujeres que sobreviven, que escapan, que luchan. Y también a las que no lo logran.

Reflexión final (reiterada)

La violencia doméstica no siempre empieza con un golpe. A veces comienza con una palabra, un control, una mirada. Y se convierte en una prisión emocional, física y psicológica. Pero también es una realidad que puede cambiar. Con educación, apoyo y conciencia colectiva, se pueden romper los ciclos.

Capítulo 4: Violencia institucional y social contra la mujer

La violencia contra la mujer no solo se da en el ámbito doméstico o íntimo. También se reproduce —y se perpetúa— desde las instituciones del Estado, los sistemas judiciales, la policía, el sistema de salud, los medios de comunicación y la sociedad en general. Es una violencia más sutil, pero igual de peligrosa, porque desampara a quienes más necesitan apoyo.

4.1 ¿Qué es la violencia institucional?

Es aquella ejercida por funcionarios o instituciones que, por acción u omisión, dañan a las mujeres cuando buscan ayuda. Puede incluir:

- Negarse a recibir denuncias.
- Tratar con indiferencia o desconfianza a la víctima.
- Minimizar los hechos: "¿Estás segura que fue violencia?"
- Obstaculizar la protección legal o psicológica.
- Retrasar procesos judiciales de forma injustificada.
- Culpar a la víctima en lugar de al agresor.

"Fui a denunciarlo. Me preguntaron qué había hecho yo para provocarlo. Me dijeron que si no tenía moretones visibles, no podían hacer nada", cuenta Silvia, víctima de violencia psicológica.

4.2 El sistema judicial que falla

Muchas veces, las mujeres enfrentan un sistema legal que no las protege, sino que las expone y las desgasta:

- Juicios que duran años.
- Pérdida de custodia de hijos por no "probar" la violencia.
- Agresores liberados por tecnicismos o falta de pruebas.
- Mujeres obligadas a convivir con su agresor por falta de refugios.

En Argentina, una mujer esperó más de 8 meses una orden de restricción. Su ex pareja la asesinó en la puerta del juzgado el día de la audiencia.

4.3 Violencia en el sistema de salud

Los centros de salud también son lugares donde se reproduce la violencia institucional:

- Médicos que no creen a las mujeres cuando dicen haber sido agredidas.
- Falta de protocolos para atender violencia sexual.
- Revictimización durante exámenes médicos.
- Trato deshumanizado o indiferente.

"Me revisaron como si fuera una criminal. No me explicaron nada. No me ofrecieron ayuda psicológica. Me sentí peor que cuando salí huyendo de él", relató una sobreviviente de violación.

4.4 Violencia social y revictimización

La sociedad también ejerce violencia:

- Juzgando a la víctima por quedarse, por irse, por hablar o por callar.
- Difundiendo rumores, justificando al agresor, cuestionando la verdad de la denuncia.
- En redes sociales: comentarios crueles, burlas, desinformación.

"Le pasó por andar sola", "¿Y qué hacía vestida así?", "Seguro se lo inventó por venganza" — son frases que matan un poco más cada vez que se dicen.

4.5 Las mujeres que no llegan a denunciar

Muchas víctimas jamás tocan la puerta de una comisaría ni pisan un juzgado. ¿Por qué?

- No confían en la justicia.
- Tienen miedo de ser perseguidas o no ser creídas.
- Están agotadas emocional y físicamente.
- No tienen redes de apoyo.

Reflexión final

Cuando el sistema falla, también es cómplice. Porque la indiferencia institucional también mata. Combatir la violencia contra la mujer no es solo protegerla del agresor, sino garantizar que al pedir ayuda, no encuentre una segunda forma de violencia.

Capítulo 5: Feminicidio: la forma más extrema de violencia

El feminicidio es el asesinato de una mujer por el simple hecho de ser mujer. Esta forma extrema de violencia es el resultado de un proceso largo y continuo de agresiones físicas, psicológicas, sociales y culturales. Es la manifestación más grave de la desigualdad y del odio hacia las mujeres.

5.1 ¿Qué es el feminicidio?

El feminicidio es un crimen de odio y género. No es solo un asesinato, sino que está marcado por el desprecio, la misoginia y la violencia sistemática que precede a la muerte. Los feminicidios ocurren dentro de un contexto de desigualdad estructural y de violencia de género, donde las mujeres son vistas como propiedad o seres inferiores.

"Lo mató porque no quería dejarlo. Lo mató porque pensaba que ella le pertenecía", se escuchó en la declaración del abogado de una víctima. Este comentario refleja la mentalidad detrás de muchos feminicidios.

5.2 ¿Por qué no se reconoce como feminicidio?

A pesar de que muchos feminicidios se dan en contextos de violencia doméstica, en ocasiones no son reconocidos como tal. Esto se debe a:

- La falta de sensibilización sobre el concepto de feminicidio.
- La tendencia de la policía y los fiscales a clasificar los casos como "crímenes pasionales".
- La falta de perspectiva de género en los procesos judiciales.

"Mi hermana fue asesinada por su esposo. La policía lo primero que hizo fue preguntarle si tenía alguna relación extramarital. Se centraron en el 'motivo' y no en el hecho de que era un crimen de odio hacia ella", comentó la hermana de una víctima.

5.3 Estadísticas alarmantes

Las cifras de feminicidio son devastadoras y continúan creciendo en muchas partes del mundo:

- En América Latina, el feminicidio es una pandemia. En México, aproximadamente 10 mujeres son asesinadas cada día por motivos de género, según la Secretaría de Seguridad y Protección Ciudadana (2023).

- En Argentina, el Observatorio de Femicidios contabilizó más de 200 feminicidios en solo un año.
- En España, 45 mujeres fueron asesinadas por su pareja o expareja en 2023, según el Ministerio de Igualdad.

Aunque las cifras son escalofriantes, muchos casos quedan sin ser reportados o son etiquetados de manera incorrecta, lo que impide ver la magnitud real del problema.

5.4 El perfil del feminicida

Aunque cada caso es único, algunos patrones comunes se repiten entre los agresores de feminicidio:

- Control extremo y celos: El agresor suele ser una persona con un alto nivel de control sobre la víctima. Los celos, el aislamiento y las amenazas son precursores comunes.
- Violencia previa: La mayoría de los feminicidios no son sorpresivos. En muchos casos, la víctima ya había sido objeto de violencia física o psicológica antes de su asesinato.
- Justificación de la violencia: Los feminicidas suelen justificar sus crímenes diciendo que la mujer "se lo merecía" o que su muerte fue "un acto de desesperación" debido a una supuesta infidelidad o rechazo.

5.5 Consecuencias para la sociedad

El feminicidio no solo destruye a la víctima y a su familia, sino que tiene un impacto devastador en la sociedad:

- Genera miedo: Las mujeres viven con miedo a ser asesinadas por el simple hecho de ser mujeres. Esto afecta su libertad, su movilidad y su bienestar.
- Refuerza la cultura de impunidad: Cuando los feminicidios no son resueltos con justicia, se perpetúa la idea de que las vidas de las mujeres no valen lo mismo que las de los hombres.

5.6 Testimonio de una madre sobreviviente

"Mi hija fue asesinada por su pareja. El día antes de su muerte, me llamó para contarme que quería dejarlo, que ya no podía más. Me dijo: 'Mamá, si algo me pasa, no quiero que nadie se quede callado'. Al otro día, la encontraron muerta. No me dejaron verla, no me dejaron darle el último adiós. Y la justicia… simplemente no hace nada."
"La llamaban 'loca' porque se quería ir. Nadie creía que él podía hacerle daño. Y lo mató. No quiero que otra madre pase por lo mismo."

Reflexión final

El feminicidio es la culminación de un sistema que oprime, deshumaniza y mata a las mujeres. Si no actuamos, si no cambiamos la mentalidad de la sociedad, si no exigimos justicia y leyes más estrictas, este ciclo continuará.

Capítulo 6: Cómo prevenir la violencia de género

La violencia de género no es inevitable. Puede y debe ser prevenible. Prevenir la violencia significa actuar antes de que ocurra, intervenir de manera temprana y cambiar las estructuras sociales que la sustentan. Es un esfuerzo conjunto entre individuos, comunidades, gobiernos y organizaciones.

6.1 Educación en igualdad de género desde la infancia

La prevención comienza en las primeras etapas de la vida. Los niños y niñas deben aprender desde pequeños lo que es la igualdad, el respeto y la empatía. Las escuelas deben ser espacios de formación en estos valores.

- Romper los estereotipos de género: Es esencial enseñar que todos los seres humanos tienen los mismos derechos, independientemente de su género. Desde pequeños, debemos evitar que se les inculque la idea de que "los hombres no lloran" o que "las mujeres deben ser sumisas".
- Fomentar la resolución pacífica de conflictos: Enseñar a los niños a resolver disputas de manera respetuosa, sin recurrir a la violencia, es fundamental para erradicar futuros comportamientos agresivos.
- Modelos de conducta positivos: Padres y educadores deben ser ejemplos de igualdad y respeto. Los niños aprenden observando las relaciones que ven a su alrededor.

6.2 Promover la autonomía de las mujeres

Empoderar a las mujeres es una de las estrategias más eficaces para prevenir la violencia. Cuando las mujeres tienen acceso a la educación, al trabajo, a la independencia económica y a la toma de decisiones, su capacidad para salir de situaciones de abuso se multiplica.

"Cuando una mujer es independiente, no tiene miedo de tomar decisiones. No depende de un hombre para sobrevivir. Eso es lo que más temen los agresores: una mujer que puede tomar sus propias decisiones."
– Testimonio de activista.

6.3 Sensibilización y cambio cultural

La violencia de género es el reflejo de una cultura que aún considera a las mujeres como inferiores o propiedad de los hombres. Para cambiar esto, es necesario:

- Campañas de concientización: Los medios de comunicación y las redes sociales juegan un papel clave en la lucha contra la violencia de género. Campañas que muestren los efectos devastadores de la violencia y promuevan la igualdad y el respeto.
- Desafiar los mitos del amor romántico: Muchas veces, las mujeres víctimas de violencia crecen con la idea de que el

amor verdadero debe ser "posesivo" o "celoso". Es esencial educar sobre lo que realmente significa una relación sana: confianza, respeto y autonomía.

- Reformar las normas sociales: Necesitamos cuestionar y cambiar las normas sociales que avalan comportamientos de control y posesión, como los celos excesivos o la idea de que un hombre tiene derecho a "saber todo" de su pareja.

6.4 Formación de profesionales

Los profesionales que interactúan con las víctimas de violencia de género, como médicos, policías, jueces y trabajadores sociales, deben recibir una formación especializada. Esto incluye:

- Entrenamiento en sensibilización de género: Es fundamental que los profesionales comprendan la naturaleza de la violencia de género, su ciclo y las consecuencias psicológicas y emocionales que tiene en las víctimas.
- Protocolos claros de actuación: Establecer procedimientos estandarizados para la atención de mujeres víctimas de violencia, que garanticen su seguridad y protección.

6.5 Fortalecimiento de las leyes y políticas públicas

Es imprescindible que existan leyes fuertes que protejan a las mujeres, pero también que estas leyes sean aplicadas de manera efectiva. Algunas acciones clave son:

- Leyes más estrictas contra la violencia de género: Las leyes deben contemplar todos los tipos de violencia, incluidos los psicológicos, económicos y emocionales. Además, deben castigar de manera ejemplar el feminicidio.

- Acceso a refugios y protección inmediata: Las víctimas de violencia deben poder acceder a refugios seguros y a una protección inmediata cuando lo necesiten.
- Campañas de denuncia y apoyo a las víctimas: Es esencial promover líneas de ayuda y refugios a nivel nacional para que las mujeres puedan denunciar con seguridad y encontrar apoyo legal y psicológico.

6.6 Apoyo comunitario y redes de solidaridad

Las comunidades juegan un papel crucial en la prevención de la violencia. No es solo responsabilidad del Estado, sino también de los individuos y organizaciones comunitarias:

- Redes de apoyo: Las víctimas deben saber que no están solas. Las redes de apoyo formadas por amigos, familiares, asociaciones y colectivos feministas pueden marcar la diferencia al brindar apoyo emocional, logístico y, en algunos casos, legal.
- Intervención comunitaria: En las comunidades, es fundamental que los miembros actúen como vigilantes del bienestar de todos. Si alguien sabe de un caso de violencia, debe sentir la responsabilidad de intervenir y ayudar a la víctima.

Reflexión final

La prevención de la violencia de género no es tarea de unos pocos, sino de todos. Solo cuando las mujeres y hombres, las instituciones y la sociedad en general, trabajemos juntos para erradicar la violencia desde sus raíces, podremos construir un mundo donde la igualdad de género sea una realidad, no una aspiración.

7.2 Refugios para mujeres víctimas de violencia

Los refugios son espacios de emergencia donde las mujeres pueden encontrar un lugar seguro para escapar de la violencia. En estos refugios, se les proporciona alojamiento, alimentación, apoyo psicológico, y orientación legal. Además, se les ofrece el tiempo y la seguridad para comenzar un nuevo comienzo sin miedo.

- En muchos países, como Argentina, Chile o España, existen redes de refugios públicos y privados donde las mujeres pueden encontrar apoyo inmediato. Sin embargo, la disponibilidad de estos refugios sigue siendo insuficiente frente a la creciente demanda.
- Muchos refugios también están diseñados para recibir a niños y adolescentes, garantizando su seguridad mientras se resuelve la situación de violencia.

7.3 Apoyo psicológico y legal

Recibir apoyo psicológico es esencial para superar las secuelas emocionales de la violencia. La terapia puede ayudar a las víctimas a recuperar su autoestima, sanar sus heridas emocionales y encontrar la fuerza para avanzar.

- Muchas organizaciones ofrecen consultas psicológicas gratuitas o a bajo costo para mujeres víctimas de violencia. Además, algunas instituciones ofrecen programas de empoderamiento que buscan fortalecer la confianza y la autonomía de las mujeres.

En cuanto al apoyo legal, las víctimas de violencia deben tener acceso a abogados especializados en violencia de género, quienes las orientarán durante todo el proceso judicial, asegurando que se respeten sus derechos.

- En muchos países, las abogadas y organizaciones feministas ofrecen asistencia legal gratuita a las mujeres en situación de violencia, ayudándolas a interponer denuncias y solicitar medidas de protección.

7.4 Organizaciones y colectivos feministas

Las organizaciones feministas juegan un papel clave en la lucha contra la violencia de género. Estas organizaciones ofrecen una red de apoyo invaluable a las mujeres que enfrentan violencia. Muchas veces, son las únicas que luchan por los derechos de las víctimas y exigen cambios en las políticas públicas.

- Redes de apoyo en línea: Organizaciones como Amnistía Internacional o Human Rights Watch tienen plataformas en línea que ofrecen información y asesoramiento a mujeres que se encuentran en riesgo de violencia.
- Colectivos feministas: En cada país, existen numerosos grupos y colectivos feministas que realizan campañas de sensibilización, organizan protestas y luchan por un cambio legislativo.

Estos grupos también brindan apoyo emocional, organizan encuentros, y ofrecen programas de integración para mujeres que han sobrevivido a la violencia.

7.5 Aplicaciones y herramientas digitales

En la era digital, las aplicaciones móviles se han convertido en una herramienta fundamental para las víctimas de violencia. Existen diversas aplicaciones móviles que permiten a las mujeres contactar rápidamente con servicios de emergencia, obtener información sobre sus derechos y recibir apoyo confidencial.

- "AlertCops" (España): Aplicación gratuita que permite a las mujeres denunciar una agresión en tiempo real y recibir atención inmediata por parte de las fuerzas de seguridad.
- "The Red Button" (Reino Unido): Esta aplicación alerta a los servicios de emergencia con un solo clic y permite enviar mensajes de texto a contactos de confianza para pedir ayuda de forma discreta.

Las aplicaciones son herramientas clave para mujeres que están bajo vigilancia constante de su agresor y necesitan mantener en secreto su solicitud de ayuda.

7.6 Red de apoyo comunitaria

A menudo, la familia, los amigos y la comunidad son los primeros en darse cuenta de que una mujer está viviendo violencia. Es importante que la comunidad esté educada para reconocer las señales de abuso y ofrecer apoyo. A veces, el simple hecho de tener alguien que escuche, que le ofrezca un lugar donde refugiarse, puede marcar la diferencia.

- Escuchar sin juzgar: El apoyo emocional de familiares y amigos es crucial. Las mujeres en situación de violencia suelen sentirse culpables o avergonzadas, por lo que tener una red de apoyo confiable es fundamental.
- Formación de grupos de apoyo comunitarios: En algunas regiones, los grupos de mujeres o colectivos feministas ofrecen talleres de sensibilización en comunidades para que las personas estén capacitadas para intervenir de manera efectiva y respetuosa.

Reflexión final

El acceso a recursos y redes de apoyo es un derecho fundamental para las mujeres víctimas de violencia. Sin estos recursos, la huida de una situación de abuso se convierte en una misión casi imposible. Es fundamental que cada país y comunidad amplíen estos servicios y garanticen que todas las mujeres tengan acceso a la ayuda que necesitan para rehacer sus vidas.

Capítulo 8: Testimonios de supervivientes y resiliencia

Las mujeres que han vivido violencia de género son, en muchos casos, verdaderas heroínas que logran reconstruir sus vidas, a pesar de las profundas cicatrices que dejan estas experiencias. Sus historias son un testimonio de resistencia, valentía y resiliencia. En este capítulo, exploramos cómo las supervivientes de la violencia han encontrado maneras de sanar y retomar el control de sus vidas.

8.1 El poder de la resiliencia

La resiliencia es la capacidad de superar situaciones traumáticas y salir fortalecido de ellas. No es una habilidad innata, sino una que se cultiva a través del tiempo, el apoyo y el proceso de sanación. Para las mujeres que han sido víctimas de violencia, la resiliencia no es solo sobre "superar" la violencia, sino también sobre reconstruir su identidad y su vida, recuperar su autonomía y sus sueños.

"La violencia que sufrí me destruyó, pero me obligó a renacer. Ahora lucho por mí misma, por mis hijos, y por todas las mujeres que todavía sufren en silencio. Si pude hacerlo, sé que todas pueden."
– Testimonio de Ana, sobreviviente de violencia doméstica.

8.2 Testimonios de superación

Testimonio 1: Laura, una mujer que luchó contra la violencia psicológica

"Pasaron años antes de que me diera cuenta de lo que estaba viviendo. Mi exmarido nunca me golpeó, pero me sometió a una violencia psicológica constante. Me decía que nadie me iba a querer, que no podía vivir sin él. Al principio me creí, pero poco a poco empecé a entender que su control sobre mí no era amor, sino miedo."

"Cuando decidí irme, pensé que sería imposible comenzar de nuevo, pero hoy tengo un trabajo que me apasiona, amigos que me apoyan, y por fin me siento libre. No fue fácil, pero cada paso me acercó a la mujer que soy hoy."

Laura pasó años en una relación controladora y emocionalmente abusiva. Su viaje hacia la libertad y la independencia fue largo, pero hoy trabaja en una organización que ayuda a otras mujeres a salir de situaciones similares.

Testimonio 2: Carolina, sobreviviente de feminicidio frustrado

"Estaba convencida de que moriría a manos de mi pareja. Las amenazas eran constantes y las golpizas más violentas. Un día, cuando me estaba ahogando por la fuerza con que me apretaba el cuello, algo en mi cabeza me dijo que tenía que escapar. Apreté los dientes y logré liberarme. Corrí hacia la calle sin mirar atrás, y no me detuve hasta que encontré a alguien que me ayudó."

"Hoy me siento fuerte. Soy madre de dos hijos hermosos y trabajo en un centro de ayuda para mujeres. Mi vida no volvió a ser la misma, pero ahora la vivo para mí, para mis hijos, y para darles una vida libre de violencia."

Carolina fue víctima de violencia física extrema. Su historia demuestra cómo, incluso en la situación más desesperada, es posible encontrar la fuerza para escapar y buscar ayuda.

Testimonio 3: Marta, superviviente de violencia sexual

"Nunca imaginé que una noche en la que salí a divertirme cambiaría mi vida para siempre. Fui violada por alguien en quien confiaba. Después de ese momento, me sentí sucia, culpable, y convencida de que mi vida ya no tendría sentido."
"Pero encontré apoyo en un grupo de mujeres que pasaron por lo mismo. Hablamos, lloramos y, lo más importante, nos sanamos juntas. Ahora estoy estudiando para ser psicóloga, porque quiero ayudar a otras mujeres como yo a encontrar la fuerza para sanar."

El testimonio de Marta resalta cómo el apoyo grupal y profesional pueden ser fundamentales para la recuperación de las víctimas de violencia sexual.

8.3 El impacto de la violencia en las supervivientes

El impacto de la violencia de género no solo es físico, sino también emocional y psicológico. Las víctimas pueden enfrentar:

- Trastornos de ansiedad y depresión.
- Trastornos postraumáticos (TEPT).
- Aislamiento social.
- Baja autoestima.

Sin embargo, con el apoyo adecuado, las mujeres pueden encontrar formas de manejar estos efectos y recuperar su bienestar emocional. El proceso de sanación puede ser largo, pero con la ayuda de terapia psicológica, el apoyo de amigos y familiares, y el acceso a redes de ayuda, muchas mujeres logran reconstruir sus vidas.

8.4 Las mujeres como agentes de cambio

Las supervivientes de violencia no solo se convierten en luchadoras por su propia recuperación, sino que muchas se convierten en líderes en la lucha por los derechos de las mujeres. Estas mujeres, al haber vivido la violencia en carne propia, tienen una perspectiva única para abogar por el cambio y ser las voces de aquellas que aún sufren en silencio.

"Esas mujeres que callan porque piensan que no tienen fuerza, esas somos todas. Y cuando una de nosotras se levanta, el eco resuena y ayuda a que más mujeres encuentren su voz. La violencia puede haberme quitado muchas cosas, pero nunca me quitó mi derecho a luchar."
– Testimonio de Beatriz, activista por los derechos de las mujeres.

8.5 Recomendaciones para las supervivientes

- Buscar ayuda profesional: La terapia y el apoyo psicológico son fundamentales para superar los efectos emocionales de la violencia.
- Construir una red de apoyo: Es importante rodearse de personas que te entiendan, te apoyen y te den la fuerza para seguir adelante.
- Nunca olvidar tu valor: A pesar de las heridas emocionales, recuerda siempre que tu vida tiene valor y que mereces vivir libre de violencia.

Reflexión final

Las historias de las supervivientes de violencia de género son un recordatorio de la resistencia humana y de que la sanación es posible, aunque el camino sea difícil. Cada mujer que supera la violencia se convierte en un símbolo de esperanza y en una fuente de inspiración para aquellas que todavía luchan en silencio.

Capítulo 9: El futuro: La lucha por la igualdad de género

La violencia de género es solo una manifestación de una desigualdad estructural que ha existido durante siglos. Para erradicarla, debemos abordar sus causas profundas y trabajar por una sociedad donde la igualdad de género sea la norma, no la excepción. Este capítulo explora las posibles soluciones y los avances hacia un futuro en el que las mujeres puedan vivir sin miedo y con todas las oportunidades para prosperar.

9.1 El avance en derechos de las mujeres

Aunque aún queda mucho por hacer, los avances en los derechos de las mujeres en las últimas décadas son innegables. En muchos países, las mujeres han ganado el derecho al voto, el derecho a decidir sobre su propio cuerpo, acceso a la educación y al trabajo, entre otros.

Sin embargo, la lucha por la igualdad de género sigue siendo un desafío global. Muchas mujeres en el mundo aún viven bajo sistemas que las oprimen y las privan de sus derechos fundamentales.

"Cada paso hacia la igualdad es una victoria. Cada mujer que alza la voz, cada legislador que defiende los derechos de las mujeres, nos acerca a un mundo más justo. Pero no podemos detenernos hasta que

todas las mujeres sean libres de violencia, discriminación y desigualdad."
– Declaración de activistas internacionales.

9.2 Cambios legislativos para erradicar la violencia de género

Para lograr un futuro sin violencia de género, los gobiernos deben trabajar activamente para fortalecer las leyes existentes y crear nuevas legislaciones que protejan a las mujeres. Algunas propuestas clave incluyen:

- Endurecer las penas por feminicidio: En muchos países, el feminicidio no recibe el castigo que merece. Es crucial que las leyes reconozcan el feminicidio como un crimen específico y lo castiguen con penas severas.
- Creación de leyes de igualdad de género: Implementar leyes que promuevan la igualdad real entre hombres y mujeres en áreas como el trabajo, la política, la educación y la familia.
- Acceso a justicia para todas las mujeres: Las leyes deben garantizar que las mujeres tengan acceso rápido y eficaz a la justicia, sin obstáculos burocráticos ni discriminación.

9.3 El papel de la educación en la transformación cultural

La educación es la clave para cambiar las mentalidades y desmantelar las estructuras patriarcales que perpetúan la violencia. La enseñanza de valores de igualdad y respeto debe comenzar desde la infancia y continuar a lo largo de toda la vida.

- Educación en igualdad de género: Las escuelas deben promover la igualdad, enseñando a niños y niñas que no existen roles de género predeterminados y que tanto hombres como mujeres tienen los mismos derechos y oportunidades.

- Formación para profesionales: Los maestros, policías, médicos, jueces y otros profesionales deben recibir formación sobre igualdad de género y violencia para poder reconocer y actuar ante situaciones de abuso.
- Medios de comunicación responsables: Los medios de comunicación tienen un papel crucial en la lucha por la igualdad de género. Es importante que promuevan modelos de relaciones sanas y no perpetúen estereotipos que normalicen la violencia.

9.4 La importancia de los hombres en la lucha por la igualdad

La igualdad de género no es solo un asunto de mujeres. Los hombres tienen un papel crucial que desempeñar en la lucha contra la violencia de género y por la igualdad. Es esencial que los hombres participen activamente en la educación de sus hijos sobre el respeto y la no violencia, y en el cuestionamiento de los roles de género tradicionales.

- Movimientos masculinos por la igualdad: Cada vez más hombres están participando en movimientos que promueven la igualdad de género, combatiendo la violencia machista y desafiando los roles tradicionales que les han sido impuestos.
- Redefinir la masculinidad: La sociedad debe trabajar para redefinir qué significa ser "hombre" en un mundo donde las emociones, la empatía y la igualdad no sean vistos como debilidades, sino como valores que contribuyen a una sociedad más justa.

9.5 La lucha global: Más allá de las fronteras

La violencia de género es un problema global, que afecta a mujeres de todas las edades, etnias, religiones y clases sociales. La lucha por la igualdad de género debe ser global y transnacional, pues muchas mujeres viven en contextos donde las leyes y las oportunidades son limitadas.

- Colaboración internacional: Los países deben trabajar juntos para compartir buenas prácticas y apoyar a aquellos donde la violencia de género es más prevalente. Iniciativas como la Convención sobre la Eliminación de todas las Formas de Discriminación contra la Mujer (CEDAW) deben ser implementadas de manera efectiva en todos los países.
- El papel de las organizaciones internacionales: Organizaciones como la ONU Mujeres y Amnistía Internacional siguen siendo cruciales en la promoción de los derechos de las mujeres y la erradicación de la violencia.

9.6 Empoderamiento de las mujeres: El camino hacia la independencia

El empoderamiento económico y político de las mujeres es uno de los mayores desafíos y a la vez una de las claves para erradicar la violencia de género. Las mujeres deben tener acceso a recursos, autonomía financiera, educación y a puestos de poder.

- Igualdad salarial: Es fundamental luchar por la igualdad salarial entre hombres y mujeres. Las mujeres deben tener las mismas oportunidades en el mercado laboral y en posiciones de liderazgo.
- Acceso a la política: La participación de las mujeres en la política es esencial para crear leyes que las protejan y promuevan su bienestar. Más mujeres en cargos de poder significan más voces que defienden sus derechos.

Reflexión final

El futuro es prometedor si continuamos luchando por la igualdad de género y la erradicación de la violencia. Es fundamental que todas las personas, en todos los niveles de la sociedad, trabajen juntas para construir un mundo en el que las mujeres puedan vivir libres de violencia, con igualdad de oportunidades y el respeto que merecen.

Conclusión

A lo largo de este libro hemos explorado la violencia contra la mujer desde diversas perspectivas: sus causas, efectos, las historias de supervivientes, los recursos disponibles y las luchas hacia un futuro de igualdad. La violencia de género no solo afecta a las mujeres en su físico, sino que deja cicatrices profundas en su mente y espíritu. Sin embargo, a pesar de la oscuridad que esta violencia genera, las mujeres han demostrado una y otra vez una resistencia formidable, convirtiéndose en ejemplo de resiliencia.

La lucha por la erradicación de la violencia contra la mujer es aún larga y ardua, pero es importante que todos, sin importar el género, trabajemos juntos para construir un mundo en el que la igualdad sea una realidad. Cada paso hacia la igualdad y la justicia cuenta, y es nuestra responsabilidad colectiva crear una sociedad donde las mujeres no solo sobrevivan, sino que vivan plenamente y sin miedo.

Este libro es una llamada a la acción, un recordatorio de que, a pesar de las adversidades, siempre es posible luchar, sanar y prosperar. No podemos permitirnos dar un paso atrás en la defensa de los derechos humanos de las mujeres. El cambio comienza con cada uno de nosotros, y solo a través de la unidad, el respeto y el compromiso podemos transformar el futuro.

Agradecimientos

Quiero expresar mi más profundo agradecimiento a todas las personas que me han acompañado en este proyecto, que no solo han compartido sus conocimientos y experiencias, sino también su valentía y compromiso con la causa de la igualdad. A todas las mujeres sobrevivientes de violencia que generosamente compartieron sus testimonios, sin su valentía este libro no sería posible.

Gracias a mi familia, amigos y colaboradores, cuyo apoyo ha sido fundamental en la realización de este trabajo. A los profesionales y organizaciones que día a día luchan contra la violencia de género y brindan apoyo a las víctimas. Su trabajo incansable es la base sobre la que se construye la esperanza.

Referencias

1. Organización Mundial de la Salud (OMS). "Violencia contra la mujer."
2. United Nations Women. "Gender Equality and Empowerment."
3. Pérez, M. (2020). La violencia de género: un análisis social y psicológico. Editorial X.
4. Johnson, M. (2019). Patriarcado y violencia: El impacto de la cultura machista en la violencia doméstica. Editorial Y.
5. Rodríguez, A. (2021). Supervivencia y resiliencia: Historias de mujeres que vencieron la violencia. Editorial Z.

Apéndice

Estadísticas globales sobre violencia de género:

- Se estima que 1 de cada 3 mujeres ha experimentado violencia física o sexual en algún momento de su vida.
- El feminicidio es la forma más extrema de violencia de género, y más de 50,000 mujeres mueren cada año debido a esta causa en todo el mundo.
- El 70% de las mujeres que sufren violencia no denuncian por miedo o falta de apoyo.

Sobre el Autor

Mi nombre es Rumini Peña, soy escritora, activista, investigadora con un profundo interés en los derechos humanos y, especialmente, en la lucha contra la violencia de género. He dedicado mi vida a investigar y a ayudar a visibilizar los problemas que afectan a las mujeres, con el firme compromiso de contribuir a un mundo donde todas las personas, independientemente de su género, puedan vivir en libertad y respeto.

Este libro es el resultado de años de investigación y de conversación con mujeres de diversas partes del mundo que han compartido sus experiencias, sus luchas y su esperanza. Mi trabajo busca no solo informar, sino también inspirar a la acción, para que la violencia de género sea erradicada y las mujeres puedan vivir en una sociedad justa y equitativa.